Control Carismático

BRUJERÍA
En Las Iglesias Neopentecostales

"Para libertad fue que Cristo nos hizo libres; por tanto, permaneced firmes, y no os sometáis otra vez al yugo de esclavitud." --Gálatas 5:1

Steven Lambert, ThD

CONTROL CARISMÁTICO

LOS

BRUJERÍA

DE

DOMINACIÓN Y CONTROL

EN

IGLESIAS NEOPENTECOSTALES

POR

STEVEN LAMBERT, THD, DMIN

Control Carismático ISBNs:
978-1-887915-16-8 Ingram-Spark-Print
978-1-887915-17-5 Amazon-CS-Print
978-1-887915-18-2 Amazon-KINDLE
978-1-887915-25-0 Ingram-Spark-Epub

Publicado por:
Real Truth Publications
PO Box 911
Jupiter FL 33468
Correo Electrónico: editor@realtruthpublications.com
Sitio Web: http://www.realtruthpublications.com

TABLA DE CONTENIDO

Este folleto está adaptado del libro del Dr. Lambert, Charismatic Captivation, que contiene una gran cantidad de información sobre el problema prevalente de hiperautitarismo en las iglesias neopentecostales, cómo comenzó, por qué es inapropiado y cómo reconocer y ser liberado de eso. Se recomienda encarecidamente a los lectores que obtengan una copia de ese libro para un recuento más detallado de este problema alarmantemente extendido y extremadamente dañino. Una sinopsis, capítulos de muestra, muchos extractos del libro y pedidos en línea están disponibles en: http://www.charismatic-captivation.com.

Porque hay muchos rebeldes, habladores vanos y engañadores, especialmente los de la circuncisión, a quienes es preciso tapar la boca, porque están trastornando familias enteras, enseñando, por ganancias deshonestas, cosas que no deben. Uno de ellos, su propio profeta, dijo: Los cretenses son siempre mentirosos, malas bestias, glotones ociosos. Este testimonio es verdadero. Por eso, repréndelos severamente para que sean sanos en la fe, no prestando atención a mitos judaicos y a mandamientos de hombres que se apartan de la verdad. Todas las cosas son puras para los puros, mas para los corrompidos e incrédulos nada es puro, sino que tanto su mente como su conciencia están corrompidas. Profesan conocer a Dios, pero con sus hechos lo niegan, siendo abominables y desobedientes e inútiles para cualquier obra buena. Pero en cuanto a ti, enseña lo que está de acuerdo con la sana doctrina.

—El Apóstol Pablo (Titus 1:10-2:1)

CAPÍTULO UNO

Problema Y Premisa

Multitudes de creyentes sinceros y confiados resultan atrapados en la red virtualmente invisible del cautiverio religioso en iglesias carismáticas y otras iglesias neopentecostales, y no lo saben. Son víctimas inconscientes del abuso y la explotación espiritual bajo la mano dura del hiperautoritarismo. Es decir, cuando el liderazgo del grupo de la iglesia de la que forman parte domina, controla y manipula a sus seguidores, y los explota para su propio beneficio personal y para la construcción de su reino privado.

Abundan las historias de horror sobre abusos autoritarios, explotación y esclavitud psicológica en iglesias cristianas reconocidas. De vez en cuando estallan incidentes particulares aislados en algunas noticias altamente publicitadas. Sin embargo, esos casos de alto perfil realmente son solo la punta del iceberg. La realidad es, y lo sé gracias a mis veinte años de ministerio, que la esclavitud eclesiástica y la explotación están muy extendidas en ciertos sectores de la cristiandad en este país. Y, es indispensable entender que no estoy hablando de sectas y cultos religiosos radicales y marginales, sino de grupos eclesiásticos muy respetados que defienden las creencias cristianas ortodoxas, cuya membresía se compone de una muestra representativa de estadounidenses, individuos y familias promedio, de todas las razas, niveles educativos, posición social y etapas de la vida.

Aunque la dominación religiosa ciertamente no es nueva, y el hiperautoritarismo no se limita de ninguna manera a la rama neopentecostal, este ha florecido especialmente en la iglesia carismática y en los grupos conocidos como "segunda, tercera y cuarta ola" (o sea, grupos neopentecostales), ya que permeó el tejido, fundamento y funciones de esa rama de la Iglesia a principios y mediados de los años setenta. Por otro lado, es la rama carismática de la cual este ministerio ha sido parte desde su inicio, lo que me da no solo el "derecho" sino también el deber de reprender el error y las equivocaciones en ese campo (2 Ti. 4: 1-5 et al).

Este tipo de "cautiverio carismático" prevalece entre las iglesias y grupos carismáticos y neopentecostales, principalmente como resultado de doctrinas y prácticas hiperautoritarias ampliamente enseñadas y aceptadas, que fueron introducidas por primera vez en los años 70 por una alianza de cinco ministros que alcanzaron prominencia y engendraron lo que se conoció como el "Movimiento de Discipulado/Pastoreo". Tales doctrinas y prácticas siguen siendo una parte integral de los cimientos del gobierno de muchas iglesias y grupos en nuestros días.

Este quintunvirato ministerial de élite había concluido de alguna manera que la rama recién creada y floreciente de la Iglesia, generada por el Movimiento Carismático, el cual fue orquestado por Dios en 1960, estaba desordenada y necesitaba ser "organizada". De alguna manera, también determinaron que Dios los había designado a ellos para cumplir con la tarea de "organizar" la iglesia carismática. La estructura organizativa, supuestamente inspirada y basada en la Biblia, que defendieron y eventualmente instituyeron, era prácticamente idéntica a la estructura del marketing piramidal moderno, tan popular y prevalente hoy en día. Los "Fabulosos Cinco" se colocaron en la cima de la pirámide de líderes carismáticos interrelacionados, que rápidamente se expandió en una "línea descendente" de miles de ministros "sometidos".

A mediados de los años setenta, todo lo relacionado con este "movimiento" estalló en una controversia internacional muy publicitada. El resultado de la vorágine fue que las principales doctrinas y prácticas fueron repudiadas y denunciadas por muchos líderes muy conocidos de la iglesia, y los ministros que las inventaron y promulgaron cayeron en descrédito.

Sin embargo, a pesar de la controversia y la sanción pública, esos ministros y sus seguidores inicialmente permanecieron sin doblegarse y sin inmutarse. Se defendieron a sí mismos, tanto como a las enseñanzas y prácticas hiperautoritarias y a las filosofías del gobierno de la iglesia que promovían. Durante muchos años, siguieron enseñando dichas doctrinas, evidentemente falsas y no bíblicas, y desarrollaron lo que llegó a ser una "red" en expansión de ministros e iglesias, con varios niveles. Sin embargo, esto se hizo de una manera menos abierta, y hubo un esfuerzo concertado y deliberado para manejar todo el asunto en la clandestinidad, con el fin de reducir al máximo los efectos negativos de la controversia y dar la apariencia de arrepentimiento.

La desafortunada consecuencia de ese movimiento hacia el encubrimiento y lo esotérico fue que, en lugar de que esas doctrinas evidentemente falsas y las prácticas prohibidas por las Escrituras fueran erradicadas, se han permeado en el tejido y la base de la Iglesia Carismática/Neopentecostal en general, y muchas iglesias y grupos que funcionan hoy las siguen patrocinando y practicando. Esto se debe en parte al hecho de que una buena cantidad de tales ministerios están encabezados por líderes que formaron parte de la mencionada red, y adoptaron o adaptaron muchas de las doctrinas y filosofías de gobierno defendidas por sus dirigentes.

Muchos líderes de iglesias no se dan cuenta de que su metodología de liderazgo es en realidad una forma híbrida de hiperautoritarismo, y equivale a dominación y control. El papel correcto de los pastores auxiliares humanos es guiar a las personas al Gran Pastor, Jesucristo, y enseñarles cómo ser sus seguidores, en sumisión a él y a su autoridad. Los líderes hiperautoritarios, en cambio, llevan a las personas hacia sí mismos y las adoctrinan para que sean sus seguidores, en total sumisión a ellos y a su autoridad.

En esencia, estos pastores dominantes enseñan que ellos son el Señor, Maestro y Salvador de los miembros de la iglesia. Adoctrinan a los feligreses para hacerlos creer que los líderes espirituales de la iglesia son la "cobertura espiritual" de los miembros, y que si un miembro alguna vez abandona la iglesia estará "fuera de" su "cobertura", se quedará sin ninguna cobertura y como resultado experimentará terribles maldiciones y consecuencias. Esta hipótesis falsa de "sumisión absoluta", con la cual aleccionan incesantemente a los subyugados, es la base de tales doctrinas autoritarias. Eso, junto con la estructura esclavizante de autoridad organizacional que se ha establecido en los grupos donde se fomentan estas doctrinas no bíblicas, es principalmente lo que hace que estas técnicas y mecanismos sean efectivos y eficaces. Y, son precisamente las necesidades y problemas espirituales y psicológicos de los asistentes a estos grupos lo que los hace vulnerables a la dominación y el control no autorizados, así como a la explotación.

Los mecanismos de manipulación psicológica, dominación y control empleados en estos grupos son prácticamente idénticos a los que usan los cultos declarados. La cruda verdad es que muchos de los grupos e iglesias que emplean estas técnicas y mecanismos son, por lo menos, semi-cultos, y en algunos casos, cultos en toda regla.

El abuso y la explotación que ocurren en los grupos donde se instituyen estos sistemas de gobierno hiperautoritarios vienen en varias formas y matices. En pocas palabras, a las "ovejas bobas" se les enseña que no pueden confiar en su propio juicio o capacidad de recibir la dirección del Señor incluso para las decisiones más mundanas de sus vidas, y que deben confiar para ello en la supuesta sabiduría trascendente y en la espiritualidad superior de sus "Pastores" humanos. Por lo general, los miembros sometidos deben obtener la aprobación de los gurús del grupo con respecto a prácticamente todos sus asuntos y decisiones personales; los temas de romance, como con quién salen los miembros y con quién se casan; asuntos de salud y seguros; situaciones de empleo y carrera, y sobre todo, cada detalle de las finanzas personales de los miembros, lo que requiere la aprobación de sus líderes para prácticamente todos los gastos significativos.

La programación incesante con esta premisa, junto con el bombardeo constante de una burla que desvaloriza, conduce a la parálisis espiritual y psicológica de los seguidores sumisos. Gradualmente, a medida que se enteteje la red oculta de brujería religiosa, y cuando su resistencia natural a tal dominación y control se disipa, los miembros dóciles eventualmente se convierten en esclavos psicológicos involuntarios e indefensos de los líderes eclesiásticos auto engrandecidos, y de sus grandiosos planes para la construcción de sus reinos privados, personales, terrenales.

En estos grupos, la "autoridad" de los "pastores" es absoluta, sacrosanta e inviolable, es decir, no están expuestos a represalias. Cualquier cosa que no dé la impresión de una obediencia total e incuestionable a los deseos y consejos de la cadena de líderes, se considera rebelión e insubordinación, y sencillamente no se tolera. Los miembros viven bajo la amenaza constante de ser marcados con la Letra Roja "R" de "rebelde", y de que los denuncien y avergüencen abiertamente desde el púlpito (-intimidante), y en consecuencia ser rechazado por su "comunidad de pacto", así como de la amenaza de excomunión (que rara vez se ejerce, excepto en el caso de los más abiertamente disidentes, porque no quieren perder a los miembros y su apoyo financiero). Además, a los miembros se les alecciona para que acepten la agenda y la misión del grupo, definidas por el liderazgo y respecto de las cuales tienen poca voz real, como su carga y responsabilidad personal; para ello comprometen su tiempo, su talento y, lo más importante, su diezmo, hasta la culminación exitosa.

El maltrato opresivo y los abusos a los que son sometidos los miembros de estos grupos parecidos a los cultos me parecen el equivalente espiritual de los duros capataces de los israelitas durante sus siglos de cautiverio bajo los faraones egipcios.

Entonces, cuáles son las consecuencias y los efectos de lo que estamos discutiendo, ¿unas cuantas personas ligeramente desilusionadas, con sus sentimientos un poco heridos? ¡TODO LO CONTRARIO! Estamos hablando de una inmensa cantidad de familias, matrimonios y amistades rotas y destruidas; multitudes de personas sin pretensiones, que antes confiaban y que ahora están psicológicamente traumatizadas y dañadas; náufragos espirituales, posiblemente para toda la vida. A eso se suma un número considerable de negocios fallidos, quiebras, fortunas perdidas, crisis nerviosas, enfermedades contraídas, suicidios y muertes prematuras por diversas causas relacionadas, y más, solo por nombrar algunas de las consecuencias que experimentan las víctimas. De hecho, los detalles del caos y la destrucción que se causa en las vidas de las víctimas son demasiado extensos y, francamente, indignantes como para poder relatarlo aquí, pero es suficiente con decir que es aplastante, abrumador y, lamentablemente, en algunos casos, con excepción de los milagros, irreversible.

Los dos mayores problemas en relación con el engaño es que los engañados están engañados acerca de ser engañados, y su ego y su orgullo les dificulta aceptar el hecho de que están engañados. El caso es que muchas personas que finalmente aceptan el hecho de que han sido engañados, durante años siguen sufriendo diversos grados de ira, vergüenza, resentimiento, desilusión y desconfianza.

Nadie quiere quedar como un "bobo". De hecho, la experiencia triste y desafortunada de este ministerio al intentar rescatar a las víctimas de abuso y explotación autoritaria es que la mayoría simplemente no quiere escuchar nada que les sugiera que están engañados, o que su iglesia "amada" y sus líderes, de los cuales se han vuelto tan dependientes, podrían estar involucrados en algún tipo de engaño o error. Aun cuando se les presenten pruebas de que estas enseñanzas y prácticas no bíblicas y similares a las de los cultos son una parte integral, pero encubierta, de las operaciones de su propia iglesia; muchos adherentes adoctrinados reaccionan con un rechazo vehemente y furioso, y se niegan rotundamente a aceptar incluso la posibilidad más remota de que tal cosa podría estar pasando.

Además, de manera increíble, en lugar de querer ser liberados, estos "negadores" optan por permanecer cautivos de lo que se ha convertido para ellos en los familiares "confines amistosos" de la institución de la que son miembros. Este triste escenario es sorprendentemente similar al de muchos "delincuentes profesionales" que prefieren y eligen el encarcelamiento institucional sobre la independencia y la autodeterminación de una vida normal de libertad. La oración constante y permanente de todos los creyentes debe ser que Dios conceda a los cautivos de todos estos grupos el "arrepentimiento que conduce al pleno conocimiento de la verdad, y volviendo en sí, escapen del lazo del diablo, habiendo estado cautivos de él para hacer su voluntad" (2 Ti. 2:26).

Afortunadamente hay quienes, a pesar de su considerable disgusto y dolor, quieren liberarse de la brujería de la dominación y el control, independientemente del costo. En algún lugar de la mente de la mayoría de los humanos que tienen una lógica sensata, hay un intenso deseo de ser libres, junto con un absoluto desdén por cualquier forma o grado de dominio y explotación ilegítimos. Para esas personas, existen signos de hiperautoritarismo fácilmente detectables cuando se sabe cómo son. Es decir, los grupos en los que se adoptan e implementan doctrinas y prácticas hiperautoritarias emplean una serie de mecanismos comunes de control psicológico. Desafortunadamente, estos no siempre son simples, evidentes y obvios; a menudo son sofisticados, encubiertos y ocultos.

Sin embargo, son identificables para aquellos que están informados al respecto y saben qué buscar. El propósito de este folleto es delinear los mecanismos comunes de control y señalar cómo reconocerlos. Sin embargo, lo único que este folleto no puede proporcionar es la objetividad que se requiere para analizar a la iglesia o grupo del que se forma parte, con el fin de determinar si allí se están empleando tales mecanismos.

Al cerrar este capítulo, quiero declarar categóricamente, como lo he hecho repetidamente y de muchas maneras a lo largo del libro original del cual se adaptó este folleto, que yo soy un creyente y un ministro carismático genuino, y nunca he sido otra cosa desde que soy salvo, y estoy totalmente convencido de la validez del Movimiento Carismático y de que es divinamente orquestado.

En este folleto de ninguna manera estoy participando, en forma o grado alguno, de ningún tipo de ataque al Movimiento Carismático. Tampoco estoy denigrando, dejándome llevar por la moda, a la experiencia carismática o las enseñanzas bíblicas que fueron restauradas durante el Movimiento Carismático.

Más bien, ofrezco lo que estoy completamente convencido de que es una represión válida y una corrección inspirada por Dios de varias doctrinas y prácticas no escriturales que, desafortunadamente, se están practicando en gran parte de la Iglesia Carismática y Neopentecostal. Esto no significa que yo sea anticarismático o antipentecostal, como algunos carismáticos espiritualmente inmaduros aducen ante el más mínimo indicio de crítica hacia algo que es relevante para el Reino o para la experiencia carismática. No soy ni anticarismático ni antipentecostal, sino más bien pro ambos.

Mis análisis, conclusiones y comentarios aquí o en cualquiera de mis escritos y pláticas no son críticas con el propósito de ridiculizar a la iglesia carismática/pentecostal, sino más bien una reprensión para que alcance su perfección.

También estoy muy consciente de que estas doctrinas y prácticas se están adoptando y empleando en otros segmentos y corrientes de la Iglesia de Jesús. Sin embargo, yo formo parte de la rama neopentecostal de la Iglesia y como tal, sí tengo un "derecho" particular, e incluso el deber, de amonestar a esa rama cuando necesita reprensión.

Es mi deseo más profundo y mi sincera oración que todos aquellos que se consideran miembros de la confraternidad de Cristo presten atención a las reprensiones y amonestaciones que se presentan en este libro, y tomen las acciones necesarias para liberar a los Hijos de Dios del cautiverio opresivo de los hombres, porque fueron llamados a ser HIJOS, no "ESCLAVOS de los hombres" (1 Co. 7:23).

Recordemos el llamado del mismo Cristo: "Así que, si el Hijo os hace LIBRES, seréis realmente LIBRES" (Jn. 8:36); y también el eco de Pablo del llamado de Cristo:

"Para LIBERTAD fue que Cristo nos hizo LIBRES; por tanto, permaneced firmes, y no os sometais otra vez al yugo de esclavitud" (Ga. 5:1).

CAPÍTULO DOS

ESCLAVITUD RELIGIOSA: HECHICERÍA

En el núcleo mismo de las doctrinas y prácticas hiperautoritarias está la esclavitud religiosa. Más aún, tengamos claro que ¡la esclavitud religiosa es BRUJERÍA! Por lo tanto, se deduce que las doctrinas y prácticas hiperautoritarias son, en el fondo, ¡Brujería! Y, esa evaluación no es en absoluto una extrapolación, sino que se basa en la naturaleza intrínseca de las enseñanzas.

Además, no debería ser necesario señalar que la brujería pertenece al dominio del diablo y no de Dios. Es esta realidad la que hace que dichas enseñanzas y las prácticas que promueven sean tan aberrantes y repugnantes para quienes las conocen.

A pesar de que estas doctrinas y prácticas son equivalentes a brujería, el problema es que ya han permeado y se han convertido en una parte integral del sistema doctrinal y estructural de un gran segmento del Cuerpo de Cristo Carismático/Pentecostal. Por lo tanto, la mayoría de los creyentes carismáticos/pentecostales, que han sido engañados para aceptar su validez, tendrán enormes dificultades para comprender y aceptar que estas no tienen validez bíblica y que equivalen a brujería, a pesar de la veracidad absoluta de ambas conclusiones. En efecto, es por el hecho mismo de que haya sido en iglesias pentecostales y neopentecostales (carismáticas, "Movimiento de Fe", Tercera Ola" y otras), que en lo demás son iglesias legítimas y reglamentarias, que estas doctrinas y prácticas ocultas que se han enseñado e instituido hayan aumentado su oscuridad y continuidad.

Por supuesto, no todas las iglesias pentecostales o

neopentecostales emplean estas enseñanzas y tácticas. Sin embargo, un porcentaje sustancial de las iglesias, especialmente las neopentecostales, lo hacen en alguna forma y grado en un porcentaje mucho más alto de lo que el creyente promedio supondría. Para ser justos, debo decir que no hay duda de que algunos líderes han aceptado e instituido estas doctrinas y prácticas en sus iglesias con sincera ingenuidad e ignorancia, sin comprender para nada su importancia e impacto. Muchos de estos casos son el resultado de que dichos líderes han "clonado" despreocupadamente la estructura ministerial de alguien más con quien estaban asociados, afiliados o simplemente bien impresionados.

Sin embargo, una parte significativa de los líderes que han instituido estas doctrinas y prácticas erradas lo han hecho con deliberación, sabiendo de manera absoluta y precisa lo que estaban haciendo, porque percibieron en ellas un mecanismo conveniente, bien camuflado, altamente efectivo y ampliamente aceptado que les da, tanto el permiso como los medios para dominar y prevalecer sobre un grupo de congregantes, con el fin de enlistarlos y movilizarlos como implementadores de la construcción de su reino personal. Una vez engañados, completamente adoctrinados, sometidos y subyugados, estos congregantes esclavizados se convierten en implementadores, agentes, colaboradores y operadores voluntarios que llevan a cabo los planes de estos autócratas eclesiásticos descarriados, auto engrandecidos y auto exaltados.

La Verdadera Naturaleza de la Hechicería

Afirmar, como lo he hecho, que estas doctrinas y prácticas autoritarias equivalen a brujería, requiere que comprendamos la verdadera naturaleza de la brujería y la hechicería.

"Brujería" y "hechicería" son términos sinónimos. Algunas traducciones de la Biblia usan un término, otras el otro, pero ambas se refieren a la misma cosa. La raíz griega de la palabra "brujería" es "pharmakeia", significa literalmente *administrar drogas*. De este término griego se derivan varias palabras que tienen que ver con medicamentos o narcóticos, como "farmacéutica" y "farmacia".

Sin embargo, existe una idea errónea muy común sobre la naturaleza de la brujería y la hechicería que resulta principalmente de la etimología de la palabra griega traducida como "hechicería" o "brujería" en el Nuevo Testamento. La palabra "pharmakeia" se acuñó originalmente para aludir al uso de narcóticos intoxicantes "que alteraban la mente" y que "inducían al trance" en las ceremonias y ministraciones religiosas paganas durante la historia antigua del paganismo.

Si bien el significado original de la palabra tenía que ver con la administración de drogas para ayudar a lanzar hechizos e inducir trances en la adoración ocultista pagana, con el paso del tiempo, llegó a tener una connotación más amplia de la que tiene en el idioma griego. Se convirtió en lo que se conoce como "metonimia", una figura retórica o una especie de coloquialismo que evoca una idea relacionada con el significado literal de los componentes de la palabra, pero que es mayor que estos. Por ejemplo, en la frase coloquial "bajo un mismo *techo*", en realidad no se trata solo de un techo literal, sino que la palabra "techo" es una metonimia que se refiere a un edificio completo que consiste en paredes y un techo. Del mismo modo, tanto la palabra griega "pharmakeia" como su equivalente en español, "hechicería", tienen la connotación de algo más que la limitada al uso de narcóticos en el ocultismo. Por el contrario, es una especie de frase "general" que evoca el concepto más amplio de *predominio interpersonal* y *autoimposición* logrados por diversos medios y métodos.

Entonces, es imperativo entender que la connotación bíblica, y por lo tanto la verdadera a nivel espiritual, de brujería o hechicería, trasciende el uso de drogas como el intoxicante o inductor de trance en la brujería pagana y oculta. La hechicería y la brujería bíblicas se centran más en las personas que manipulan, dominan, controlan y cautivan a otras personas, ya sea por medios sobrenaturales (es decir, demoníacos) o simplemente naturales (humanos).

Para decirlo de otra manera, mientras que el significado original de "hechicería" o "brujería" tenía que ver con el lanzamiento de "hechizos" o la inducción de "trances" en el paganismo y el ocultismo, el uso bíblico de estas palabras incluye también medios psicológicos y métodos de usurpación e imposición sobre otros. Porque la realidad es que la "droga" que se usa para "lanzar un hechizo" sobre alguien no siempre es un narcótico; también hay una gran cantidad de medios y métodos psicológicos que, especialmente con la ayuda de los demonios, son igualmente inductores de trance, convincentes y efectivos. Un "hechizo" no es solo un estado de intoxicación inducida por un narcótico. Más bien, un "hechizo" es cualquier condición inducida en la cual el autocontrol natural y normal de una persona sobre su propio pensamiento y sus acciones es usurpado, contrarrestado, controlado o simplemente influenciado, por alguna fuerza exterior antinatural, no propia. Sin embargo, la fuerza principal que está detrás de los hechizos y trances, independientemente del agente, los medios o el método por el cual son inducidos son los demonios y el diablo.

En pocas palabras, la verdadera definición espiritual y la aplicación de "brujería" o "hechicería" es usar cualquier forma de persuasión, influencia, ilusión o inducción, engaño, dominio o coerción directa, ya sea natural (humana, psicológica) o espiritual (es decir, espíritus malignos), para influenciar, manipular, dominar o controlar en forma indebida y exagerada a otra persona, con el fin de obtener ascendencia o ventaja para el engrandecimiento personal. Explicándolo en términos aún más simples, la brujería o hechicería se esfuerza por lograr que otra persona haga lo que se quiere que haga. Es prevalecer sobre los demás para lograr que le rindan su voluntad. Es cautivar con el uso de la volición (voluntad). Es auto imposición y usurpación. Es ser un intruso. Significa dominar y controlar a los demás.

Dios nos revela, por medio de la reprimenda del profeta Samuel al desobediente Rey de Israel, Saúl, que la brujería o hechicería es básicamente sinónimo de "rebelión", y que "desobediencia" (que, en esencia, es rebelión) es sinónimo de "iniquidad" (un acto de trasgresión específica y ofensa contra Dios) e "idolatría" (imposición de dioses falsos en el lugar de Dios): "NEGARSE A OBEDECERLO es tan malo como la BRUJERÍA. SER TERCOS (desobediencia) y hacer la voluntad propia es como el pecado de ADORAR ÍDOLOS" (1 S 15:23). Lo que esto significa, en otras palabras, es que la brujería ES rebelión, y la rebelión ES brujería;

además, la desobediencia (terquedad) es un desafío, es desprecio y hacer a un lado a Dios.

Los Medios y Métodos de la Brujería

Esa es la naturaleza de la brujería y la hechicería. Pero, examinemos ahora los diversos medios y métodos por los que se puede realizar la brujería y la hechicería. La hechicería puede llevarse a cabo por medios naturales (humanos) o por medios sobrenaturales (demoníacos).

Los medios sobrenaturales son aquellos que implican la incitación explícita y la inducción de demonios. Incluyen todos y cada uno de los múltiples métodos y estilos ocultistas que se perpetran en forma satánica, los cuales van desde la seducción sensual o sexual al vudú, y desde el juego infantil, aparentemente inocente, con un tablero Ouija o una bola 8 de billar, hasta sesiones espiritistas y consulta de médiums; desde leer el horóscopo de los periódicos en forma supuestamente casual, solo para divertirse, hasta adorar abiertamente y claramente a Satanás. Todos estos tipos de brujería y hechicería están incluidos en la acepción bíblica de "adivinación". Satanás se ha infiltrado completamente en este tipo de influencias y medios de adivinación en prácticamente todos los segmentos y elementos de la sociedad y la vida humana.

Aunque este "dominio interpersonal" a veces se efectúa a través de los medios sobrenaturales mencionados, y la brujería y la hechicería que generalmente se asocian con actividades satánicas, es muy importante comprender que participar en brujería y hechicería no REQUIERE de la intervención del poder sobrenatural de los demonios. También se puede efectuar sencillamente a través de los medios humanos naturales que emanan del espíritu humano. El *espíritu* humano no regenerado, impregnado intrínsecamente como está con la naturaleza carnal y pecadora de Satanás, es en realidad lo suficientemente propenso al mal y a la perversión como para poder idear e implementar medios desautorizados de control de otras personas sin la ayuda de *espíritus* demoníacos. En el orden creacional, solo el Espíritu Divino (la Naturaleza) de Dios trasciende el espíritu humano, y ya que el espíritu humano fue hecho a la Imagen de Dios, tiene cierta capacidad de crear, aunque limitada específicamente al reino NATURAL. El "dominio interpersonal" que emana del espíritu humano es el medio natural y humano de la brujería.

Los medios humanos naturales incluyen una amplia variedad de maquinaciones y mecanismos interpersonales que se operan en el ámbito psicológico. En un extremo de ese espectro existe una gama completa de dichas maquinaciones y mecanismos que caen dentro de la categoría de lo que generalmente se conoce como "el poder de la persuasión", el cual comúnmente se considera una "forma de arte" benigna, relativamente inofensiva, justa y apropiada. En algún lugar, en el medio del espectro, está una especie de "intriga" maquiavélica que, se podría decir, impregna prácticamente todos los segmentos de la vida y de la sociedad, desde la política hasta el ministerio; allí se considera que el fin justifica los medios, sin importar cuán inmoral, inadecuado o poco ético sea. En el extremo opuesto del espectro, se encuentra el reino intrínsecamente siniestro y engañoso del dominio abierto por medio de una serie de mecanismos psicológicos cuyo objetivo es el control mental.

Por supuesto, no toda "persuasión" es intrínsecamente malvada. Existe el tipo benigno de "persuasión" en el que una persona le presenta información a otra en un intento de convencerla de la validez de sus propias perspectivas o convicciones. Sin embargo, lo que hace que este tipo de estímulo sea benigno es que no implica coerción ni usurpación de la voluntad del otro involucrado. Una persona simplemente le presenta a la otra su perspectiva personal junto con la información de corroboración para que la considere. Por el contrario, en el caso del dominio interpersonal ilegítimo, se inyecta alguna clase de influencia encubierta con el fin de provocar un cortocircuito en el proceso de consideración normal y usurpar la volición (voluntad) natural de la víctima, con el propósito de someterla y hacerla cautiva.

Por otro lado, entre lo que hemos mencionado anteriormente también se manifiesta la diferencia relativamente sutil que existe entre la legítima *prédica* y la *enseñanza* de ciertos versículos, y el *adoctrinamiento* no aceptable que busca la dominación psicológica. Los ministros tienen la responsabilidad de predicar la Verdad y enseñarles a las personas cómo aplicar la Verdad en la vida práctica, pero nunca debemos atraer u coaccionar a nuestros oyentes para que hagan patente su obediencia. Dios desea que seamos obedientes a Él, no por coerción sino por nuestra *libre voluntad* (Is 1:19). Como cualquier padre humano, Dios quiere la obediencia voluntaria de sus hijos. La obediencia voluntaria es lo que le produce placer a Dios. La obediencia por coacción en realidad no es *obediencia,* sino *compulsión.* El enfoque de los ministros hacia sus oyentes debe ser el mismo que el de Dios hacia nosotros: podemos pedir, exhortar y evangelizar, es decir, *llamar* a las personas a Dios, pero nunca debemos *coaccionar* ni *obligar.*

En esencia, de lo que hablamos es de lo que se encuentra en el corazón mismo de la brujería: la volición. El tema de la Autoridad Volitiva, o "Autoridad Personal" se aborda con cierto detalle en el capítulo cuatro del libro *CHARISMATIC CAPTIVATION* del cual se adapta este folleto. Puede resultar útil revisar el comentario sobre dicho tópico, ya que está relacionado con el tema del presente capítulo. Como se indica en el libro, la Autoridad Volicional es el tercer nivel más alto de autoridad que Dios ha establecido en Su Orden Creacional. Sólo hay otros dos tipos de autoridad que la sobrepasan: la propia soberanía de Dios y la autoridad infalible de la Palabra de Dios.

Esta autoridad personal implica la voluntad humana, o el "agente moral libre", como se refieren a ella los teólogos, con la cual Dios ha dotado a cada ser humano. En esencia, es el derecho inherente a la soberanía personal o autocracia, es decir, el derecho al autogobierno y a la libre elección. Este derecho, como dije en el Capítulo Cuatro, es absolutamente inviolable dentro de las restricciones de la legalidad. Significa que nadie, absolutamente nadie, ha recibido de Dios el derecho de violar o de invadir en manera alguna el derecho al autogobierno que le ha sido conferido a cada ser humano, siempre y cuando esa persona mantenga una conducta justa y legal, y se abstenga de participar en tipo alguno de conducta inicua o acto de ilegalidad contra cualquier persona.

Ilustrativo de la santidad y la inviolabilidad absoluta del libre albedrío humano es el hecho de que, aunque Dios mismo ciertamente es soberano sobre todo, nunca usurpará ni violará por la fuerza el libre albedrío de ningún ser humano, aun cuando nuestras acciones y sus consecuencias no sean buenas para nosotros. Sin embargo, cuando nos sometemos voluntariamente a su Señorío y a su Paternidad, como parte de su gran amor paternal por nosotros, Él sí nos castiga y nos disciplina (Heb. 12:5-11). Mas, aunque Dios invita a *todo el que quiera* a responder afirmativamente y aceptar la invitación a ser adoptado en la Familia Celestial, y aunque siempre nos ama inmensamente y desea profundamente que todos nos salvemos, no fuerza a nadie a aceptarlo a Él, a Su soberanía, o Su Paternidad, hasta el extremo de permitirnos elegir el abismo y las agonías del infierno sobre la dicha y las bendiciones del Cielo.

Por lo tanto, dado que el Creador ha elegido hacer de cada ser humano un enorme agente libre, sin restricciones, nosotros las criaturas, como la Palabra de Dios lo ordena (Ef. 5:1, et al.), estamos obligados a tratar a nuestros semejantes de la misma manera, a imitación de Dios, sin obligar ni imponerle a nadie, de forma alguna, nuestra propia voluntad. De hecho, imponer nuestra voluntad sobre cualquier persona es la antítesis de la Naturaleza Divina, la cual es santa y benevolente, y eso de hecho, es la esencia misma de la brujería, que es la esencia de la naturaleza totalmente impía, rebelde y egoísta de Satanás.

El origen de la Hechicería

Por supuesto, Satanás es la fuente final, aunque invisible, de todo tipo y género de brujería y hechicería, y cuenta con una innumerable colección de sus cohortes diabólicas, espíritus malignos, cuya única función es perpetrar y propagar la brujería por todo el mundo y entre todos los seres humanos. Sin embargo, Satanás y sus demonios sólo pueden intervenir y recurrir a sus artimañas en los asuntos humanos cuando los seres humanos que cooperan con ellos les dan la oportunidad, el permiso y la ayuda. Ya que Dios les ha dado a los hijos de los hombres autoridad sobre la Tierra (Sal. 115:16), Satanás no tiene poder para implementar sus artimañas más que a través de la cooperación de humanos.

La hechicería tiene su origen en Satanás. Es parte de su naturaleza — el espíritu de desobediencia, *"el espíritu que ahora opera en los hijos de desobediencia"* (Ef. 2:2). Por medio del profeta

Isaías, Dios reveló por el Espíritu lo que sucedió cuando Lucifer cayó en la apostasía y la perdición. El relato delinea las exactas reflexiones llenas de rebeldía de Lucifer, que precipitaron su abrupto descenso hacia la maldad y la ruina espiritual. Es obvio que la fuente de su rebelión es la *voluntad propia*, lo cual se hace evidente en la palabra *"YO"* que está implícita varias veces en la conversación que sostiene consigo mismo:

> "Pero tú dijiste en tu corazón: 'SUBIRÉ al cielo, por encima de las estrellas de Dios LEVANTARÉ mi trono, y ME SENTARÉ en el monte de la asamblea, en el extremo norte'. SUBIRÉ (lit., ascender) sobre las alturas de las nubes, ME HARÉ semejante al Altísimo'" (Is. 14:13, 14).

Este pasaje deja en claro que la rebelión contra Dios (pecado) se basa en obedecer la voluntad propia o en imponerse uno mismo. En esencia, la rebelión es imponerse, seguir nuestra propia voluntad en lugar de la de Dios. Por lo tanto, no es difícil entender el significado de la declaración del Espíritu: *"la rebelión es como pecado de hechicería"*. De hecho, en un sentido amplio, la brujería es como la naturaleza rebelde de Satanás, *"el espíritu ... de desobediencia"*.

Además, cuando unimos todo esto, se hace evidente que la naturaleza de Satanás es el ESPÍRITU DE ANTICRISTO, que es opuesto e incompatible con el Señorío de Cristo, y que por lo tanto la hechicería y la brujería operan en el Espíritu de Anticristo. De hecho, eso es precisamente lo que hacen la hechicería y la brujería, buscan ser el "señor", el "amo" y el "salvador" de alguien en lugar de Jesucristo. Por eso también digo que la brujería es auto imposición y usurpación. Además es la auto deificación, que significa hacerse pasar por Dios e interponerse; esto fue precisamente lo que hizo que Lucifer cayera en la perdición y la alienación de Dios. Desde el día en que entró la maldad en el corazón de Lucifer, este se ha dedicado por completo a tratar de tomar el lugar de Jesús como señor. Es el mayor usurpador e intruso. Literalmente se MUERE POR SER DIOS.

Hechicería Interna

Si todas estas cosas relacionadas con la hechicería están arraigadas en la naturaleza de Satanás, vayamos un paso adelante.

Como mencioné antes, no importa cuán desagradable sea para el creyente promedio, la verdad es que la naturaleza del diablo, *el espíritu de desobediencia*, con todos sus atributos de rebelión y maldad, es la naturaleza carnal que impregna el alma de cada ser humano que ha nacido. Esto significa que dentro de nosotros está la propensión a la rebelión, incluyendo la hechicería y la brujería. Esta Verdad la corroboran las Palabras del Espíritu Santo transmitidas a través del Apóstol Pablo en su carta a los Gálatas, en donde se incluye la *"brujería"* o *"hechicería"* (dependiendo de la traducción de la Biblia que leamos) entre los atributos de la naturaleza carnal:

> Ahora bien, las obras de la carne (*naturaleza carnal*) son evidentes, las cuales son: inmoralidad, impureza, sensualidad, idolatría, hechicería, enemistades, pleitos, celos, enojos, rivalidades, disensiones, sectarismos, envidias, borracheras, orgías y cosas semejantes, contra las cuales os advierto, como ya os lo he dicho antes, que los que practican tales cosas no heredarán el reino de Dios (Ga. 5:19-21).

Por lo tanto, la brujería, desde la perspectiva espiritual, no es simplemente una variedad de rituales y prácticas ocultistas. Más bien, la brujería es un atributo de la naturaleza carnal común a todos nosotros. Para decirlo de otra manera, la brujería es una tendencia natural que acecha en el alma no redimida de cada ser humano y que todos somos capaces de operar por nuestra cuenta sin la ayuda de espíritus malignos.

Dentro de cada uno de nosotros, simples mortales, está en bruto el deseo de, en alguna manera y grado, predominar e imponer nuestra voluntad sobre los demás, con el fin de lograr nuestros propósitos de engrandecernos y exaltarnos a nosotros mismos. Esta propensión es tan parte de la naturaleza carnal inherente (la fuente de nuestra tentación para pecar) como la inmoralidad, las enemistades, los pleitos, los celos, la ira y una plétora de otros, así como las actitudes y acciones condenatorias y perversas con las que todos, salvos o no salvos, somos constantemente tentados. (En muchas personas, el impulso de controlar a otros es más fuerte que su impulso de controlarse a sí mismos, como lo demuestra su comportamiento carente de disciplina). La *propensión*, y en algunas personas, la *pasión* de controlar a otros es un impulso básico del "león rugiente en nuestro interior" el cual debe ser resistido y dominado de la misma manera que cualquier otra tentación del mal, de lo contrario seguramente nos dominará y finalmente nos destruirá por completo.

Dominio y Control: Elementos Comunes en la Religión

El dominio y el control siempre han sido elementos comunes en la religión. La razón es simple; Satanás es el mayor usurpador y el verdadero AntiCristo. Lo consume absolutamente la idea de suplantar a Jesús como Señor, y establecerse él como señor. Está un millón de veces más enloquecido por esta horrible fantasía de suprema grandeza que cualquier tirano maníaco en la historia humana. La religión es el medio que usa para engañar a las personas, haciéndoles creer que están bien con Dios, para que él automáticamente pueda ser señor. En realidad, el verdadero objeto de culto en la religión, aunque invisible, son los demonios y el diablo. Cuando abrimos la cortina de la religión, al estilo de *El Mago de Oz*, ¿quién cree usted que ha sido siempre el mago? Nada menos que — ¡EL DIABLO MISMO!

Satanás es el autor de todas las religiones, y la religión es la falsificación del sentido de estar bien con Dios, *o estar en buen pie con Dios* y de tener una relación correcta con Dios. La religión es el intento del hombre para merecer estar *en buen pie con Dios*. La religión, sin embargo, no nos hace justos ante Dios; nos separa de Él. Estar en buen pie con Dios no se puede lograr sobre la base de nuestros méritos, porque cada ser humano que ha vivido, con excepción de Jesús de Nazaret, ha pecado y no ha logrado alcanzar la gloria de Dios. Por lo tanto, necesitamos de un Salvador, y Jesús es el único Salvador reconocido y aceptado por Dios. Todos los que confían únicamente en Él para poder estar bien con Dios, lo logran, sobre la base de la gracia, y gracia es un favor inmerecido que no se obtiene por méritos propios.

La religión es, en esencia, una *auto*-justificación. Pero estar bien con Dios se basa en una "Cristo-justificación", es decir, la justificación que tiene su base en la fe en Jesús como el único Salvador y el único Camino hacia Dios.

Esta es la razón por la cual todas las religiones del mundo (a las que con frecuencia se les denomina "falsas religiones", lo que resulta redundante porque *todas* las religiones son intrínsecamente falsas) están llenas de dominio y control. Aún el judaísmo se convirtió en un sistema religioso corrupto en el que la soberanía de Jehová fue trastocada por los sacerdotes que codiciaban el poder, el prestigio, el protagonismo y la preeminencia. Así también, Cristo, como cabeza funcional de la Iglesia fue suplantado en el cristianismo primitivo por el sacerdocio nicolaíta, que es motivado de la misma forma, y su legado de predominio jerárquico y usurpación es todavía una parte integral del tejido del cristianismo organizado de hoy.

Dominación en la Iglesia

Por lo tanto, no es una sorpresa, al menos para aquellos que entienden que la Iglesia aún no es la Novia perfecta, impecable e inmaculada que va a ser cuando Cristo vuelva, y que la Iglesia organizacional, incluida la rama Pentecostal/Neo-pentecostal, que se supone que es la más avanzada en lo espiritual, también está contaminada por el dominio de inspiración satánica que se lleva a cabo a través de ciertos elementos de su liderazgo. Sin embargo, eso no hace que sea menos deleznable, ni disminuye en lo más mínimo el deber bíblico de todo creyente, laico o líder, de oponerse proactiva y abiertamente donde sea que vea que ocurren estas cosas: *"Y no participéis en las obras estériles de las tinieblas, sino más bien, desenmascaradlas"* (Ef. 5:11).

Después de haber dejado claro que todo tipo de dominación y control es brujería o hechicería, y luego de examinar la naturaleza, los orígenes, los medios y los métodos de la hechicería, y cómo esto es inherente a la naturaleza carnal y a la religión, veamos ahora los mecanismos de control específicos que se emplean comúnmente en grupos hiperautoritarios.

CAPÍTULO TRES

Las Señales de Abuso Autoritario

Existe una serie de mecanismos o métodos comunes de control psicológico que se emplean en grupos de iglesia en los que se adoptan doctrinas hiperautoritarias y se implementan prácticas relacionadas. Además, hay una serie de signos fácilmente identificables que son indicativos de un grupo que funciona bajo la mano dura y la opresión del abuso autoritario. En este capítulo examinaremos tanto los mecanismos de control como los signos de abuso autoritario, pero antes de llegar a ellos, quiero discutir brevemente las razones que hay detrás de la eficacia de estas condiciones y prácticas.

En general, su existencia y eficacia tiene mucho que ver, no solo con la naturaleza intrínseca de las doctrinas y prácticas en sí mismas, así como con los poderes seductores que tienen los líderes de estos grupos sobre sus adherentes, sino también con la naturaleza de los problemas espirituales y psicológicos y las necesidades de los individuos que se convierten en sus víctimas involuntarias. En términos generales, las personas buscan una iglesia y comienzan a asistir a ella porque tienen necesidades espirituales que esperan satisfacer. Asimismo, tienen problemas y buscan soluciones para ellos en las enseñanzas, el ministerio, las actividades y la interacción de la iglesia a la que están afiliados. Por desafortunado e inconcebible que sea, son estas necesidades y problemas muy personales los que los grupos tipo culto aprovechan y explotan con sus intrincados mecanismos y maquinaciones de dominio psicológico.

La forma en la que quedan atrapados estos cautivos psicológicos es análoga a la de la presa indefensa que resulta atrapada en los hilos sedosos, casi invisibles de la telaraña. Inmediatamente después de entrar en contacto con los filamentos pegajosos de la red meticulosamente tejida e intrincadamente diseñada, la desprevenida presa se convierte en una prisionera impotente con pocas posibilidades de escapar. De hecho, cuanto más lucha por escapar, más caen las fibras de la red sobre la presa atrapada, aferrándola aún más hasta que la araña puede alcanzar a la víctima, ahora desorientada y exhausta, e inyectarle el veneno paralizante que terminará con su vida.

Un estudio de los numerosos libros que se han publicado recientemente sobre cultos y religiones falsas, revela que las técnicas y mecanismos de manipulación psicológica, dominación y control empleados en estos grupos son sorprendentemente similares, y en algunos casos idénticos, a los que emplean los cultos declarados. De hecho, para ser sincero, muchos de estos grupos e iglesias emplean dichas técnicas y mecanismos de manera tan abierta que son, por lo menos, cuasi cultos y en algunos casos, cultos reconocidos, a pesar de las vehementes negaciones de los líderes y sus seguidores, quienes se expresan igualmente cuando se les enfrenta con el hecho de que las doctrinas y prácticas empleadas en su propia iglesia son similares a las comúnmente empleadas en las sectas declaradas.

Lo que más me sorprende es que, incluso cuando se les brindan pruebas positivas a los adherentes de que estas enseñanzas y prácticas no bíblicas similares a las de los cultos, son una parte integral aunque encubierta de la estructura y fundamento de su propia·iglesia, ministerio o red, muchos reaccionan negando la realidad con una furiosa vehemencia y no aceptan ni siquiera la más remota posibilidad de que tal cosa pueda pasar en su "amada" iglesia o ministerio; optan, más bien, por permanecer cautivos en lo que se ha convertido para ellos en los familiares "confines amistosos" de la institución de la cual son miembros. Este triste escenario tiene una sorprendente similitud con la mentalidad de muchos "delincuentes profesionales" que se han convertido en vagabundos psicópatas y prefieren elegir el encarcelamiento institucional sobre la libertad y la autonomía de una vida normal y libre.

Con todo y eso, mi oración constante y permanente, y de hecho el objetivo de todo el trabajo prolongado y tedioso que he dedicado a la producción de esta obra, es que Dios pueda conceder a algunos de los cautivos de estos grupos *"el arrepentimiento que conduce al pleno conocimiento de la verdad, y volviendo en sí, escapen del lazo del diablo, habiendo estado cautivos de él para hacer su voluntad"* (2 Ti. 2:26).

Es en la búsqueda de tal objetivo que estoy delineando en este capítulo algunas de las señales y síntomas más destacados del abuso autoritario, así como las técnicas y mecanismos más comunes de manipulación, dominación y control empleados dentro de estos grupos. Describirlos de la manera tan explícita y precisa como lo haré, les parecerá mal a algunos críticos y censores, especialmente a aquellos para quienes esto será como un espejo que refleja sus propias actitudes y conductas, así como a quienes son o han sido miembros de organizaciones en las que estas doctrinas y prácticas se defienden o se defendieron y se utilizaron. Pero criticar y condenar a los responsables y participantes no es mi propósito, ni mi lugar, ni siquiera mi deseo. Más bien, el propósito de identificar claramente estos signos de abuso autoritario y esclavitud religiosa, así como los mecanismos comunes de control, es simplemente permitir que los lectores los reconozcan para que puedan evitar las entidades en las que se manifiestan. Mi intención aquí es destacar estas doctrinas y hechos evidentemente erróneos y dañinos espiritualmente, y mostrar que el papel de Dios consiste en destacar los motivos e intenciones del corazón de dichos creyentes para llevarlos al arrepentimiento.

Señales y Síntomas del Abuso Autoritario

A continuación veremos algunas de las señales y síntomas generales o características comunes de los grupos, iglesias, redes y ministerios hiperautoritarios. Tenga en cuenta que la lista no es exhaustiva, y que se trata de descripciones generales, no exactas.

1. Glorificación o deificación de facto de los líderes-prácticamente se les exalta al estado de Dios en el grupo y sobre el grupo, al extremo de que los líderes a menudo se convierten en "mediadores" entre la gente y Dios;

2. Jerarquía multinivel de autoridad/gobierno, similar al Marketing MLM (cadena de mando);

3. Autoridad absoluta de los líderes al grado en el que el efecto es la suspensión del pensamiento independiente y de la capacidad de examinar las Escrituras, como la gente de Berea, para verificar la exactitud de las enseñanzas de los líderes;

4. No existe una responsabilidad real de los líderes ante el cuerpo corporativo, lo que resulta en una forma represiva de gobierno monárquico (autocrático, dictatorial) u oligárquico;

5. Sub-líderes elegidos cuidadosamente, con base en su demostración de sumisión al líder supremo más que en base a sus habilidades de liderazgo, espiritualidad, y a la unción y el llamado de Dios;

6. Abuso generalizado y mal uso de la autoridad en los tratos personales con los miembros para coaccionarlos a la sumisión;

7. Paranoia, egoísmo excesivo o narcisismo e inseguridad por parte de los líderes;

8. Abuso, mal uso y excesiva incidencia de la "disciplina eclesial", particularmente en asuntos no mencionados expresamente en la Biblia como temas de disciplina de la iglesia;

9. Materialismo, codicia y engrandecimiento personal de los líderes, particularmente cuando el estilo de vida propio del líder o los líderes va más allá del estilo de vida promedio de los miembros, y ese estilo de vida se sostiene principalmente con las donaciones de los miembros;

10. Los miembros y/o sub-líderes deben hacer un "pacto espiritual", a veces un acuerdo de pacto firmado, mediante el cual realizan un compromiso total y eterno; asimismo comprometen su apoyo financiero al liderazgo y a la iglesia/ministerio;

11. División de la congregación en grupos más pequeños que están dirigidos por líderes laicos "formados" y nombrados internamente, que no han sido ungidos o designados por Dios para el liderazgo dentro de la iglesia, por ejemplo, el Ministerio Quíntuple;

12. Explotación financiera y esclavitud de los miembros, a menudo exigiendoles u obligándolos a donar más allá de sus medios y de los principios bíblicos;

13. Atención desmesurada en mantener la "imagen" pública del ministerio y arremeter contra todos los "críticos";

14. Degradación y desvalorización doctrinal — el requisito bíblico de defender y enseñar la "sana doctrina" de acuerdo con la Escritura se degrada y devalúa para justificar o evitar que se evalúen las doctrinas no ortodoxas o no probadas y las interpretaciones privadas de las Escrituras que enseña el liderazgo;

15. Incompetencia teológica por parte del liderazgo, especialmente con respecto a las reglas de hermenéutica y exégesis bíblica aceptadas, las cuales se emplean para la formulación de la doctrina, lo que da licencia para torcer y adulterar las Escrituras con el fin de proporcionar textos de prueba para doctrinas no ortodoxas y auto-inventadas;

16. Espiritualismo, misticismo y doctrinas no probadas o anti-bíblicas;

17. Abuso y mal uso de los dones proféticos como un medio para dominar e intimidar;

18. Devaluación, rechazo, desprecio y relegación del Ministerio Quíntuple dentro de la iglesia;

19. Legalismo de facto, o mentalidad de buenas obras, y la consiguiente pérdida de la "alegría de la salvación", aunque desde el púlpito siempre se predica la "libertad", y el liderazgo promociona constantemente a la iglesia como una "iglesia segura";

20. Esoterismo—agendas ocultas y requisitos que solo se les

revela a los miembros a medida que avanzan a través de varias etapas de "iluminación espiritual", las cuales de hecho son doctrinas propias, no ortodoxas y no probadas;

21. Aislacionismo—corporativo e individual, especialmente con respecto a la exposición a fuentes externas de ministerio;

22. Sistema de aprobación y promoción de los miembros basado en el desempeño, que se expresa en la "lealtad" "probada" (es decir, sumisión) al liderazgo;

23. Devaluación, supresión y falta de reconocimiento de los talentos, habilidades, dones, llamamientos y unciones auténticos de los miembros, como medio de subyugación;

24. Requerir de los miembros que realicen tareas domésticas, como limpiar inodoros, colocar sillas y actuar como valet personal o esclavo del líder, supuestamente como medio para humillarlos y enseñarles a "obedecer a sus líderes" o evaluar su disposición a "someterse" a la autoridad";

25. Adoctrinamiento constante con una mentalidad de "grupo" o de "familia" que impulsa a los miembros a exaltar la "vida" colectiva y las metas del grupo de la iglesia por encima de sus metas personales, llamamientos, objetivos y relaciones;

26. Los miembros están psicológicamente traumatizados y adoctrinados con numerosos miedos y fobias impropios destinados a mantenerlos tambaleándose entre la timidez y una dependencia excesiva o codependencia de sus líderes y el grupo comunitario;

27. Eventualmente se desarrolla en el grupo, en forma colectiva, una incidencia extraordinariamente alta de problemas financieros, maritales, morales, psicológicos, mentales, emocionales y médicos, incluyendo muertes súbitas y contraer enfermedades "incurables" y "desconocidas";

28. Falta de un verdadero crecimiento y de desarrollo espiritual personal, especialmente en términos de fe

genuina y de experimentar la abundante gracia, perdón, bondad, bendiciones, generosidad y el amor ágape de Dios;

29. Se requiere que los miembros reciban la aprobación o el "testimonio" de sus líderes para tomar decisiones con respecto a asuntos personales;

30. Predicación frecuente desde el púlpito con respecto a no salirse de la "cobertura espiritual" del liderazgo, abandonando la iglesia/grupo o desobedeciendo los dictados y demandas de sus líderes;

31. Los miembros que se van sin el permiso y la bendición de los líderes salen del grupo bajo una nube de sospecha, vergüenza y calumnia;

32. Los líderes cuentan con frecuencia historias de horror sobre individuos o familias que abandonaron el grupo sin el permiso previo y la bendición del liderazgo, y las terribles consecuencias y maldiciones que sufrieron como resultado;

33. Los miembros que se marchan y son condenados al ostracismo a menudo sufren varios problemas psicológicos y muestran los síntomas clásicos asociados con el Trastorno de Estrés Postraumático (TEPT).

Si después de leer esta lista y reconocer las doctrinas y prácticas en las que participa su iglesia o ministerio, usted tiene grandes dificultades para admitirlo, incluso para sí mismo, entonces definitivamente le han lavado el cerebro y está bajo el hechizo de "espíritus engañosos y doctrinas de demonios", y estas mentiras demoníacas han hecho que tenga "cauterizada la conciencia" (1 Ti. 4: 1, 2). Esto significa que necesita **liberación**; necesita ser liberado de la esclavitud y el engaño de Satanás. También significa que está engañado acerca de a quién está sirviendo. No le está sirviendo al verdadero Jesús, quien es el que murió para liberar a los cautivos, más bien les está sirviendo a dioses falsos, **ídolos**, lo que es **idolatría**; esto significa que usted es un "idólatra", ¡y los idólatras no heredarán la vida eterna ni tendrán herencia en el Reino de Cristo y de Dios (Ga. 5:20, 21; Ef. 5:5)!

¡La única forma de escapar del INFIERNO y del castigo eterno, y entrar al Cielo y al Reino, es **arrepentirse**! ¡Entonces, **huya** de sus captores y **corra** a los brazos del Verdadero Jesús, que murió para liberar a los cautivos! "¡Aquel a quien el Hijo hace **LIBRE** es **LIBRE DE VERDAD!**"

CAPÍTULO CUATRO

Los Mecanismos Comunes de Control

Dirigimos ahora nuestra atención a los mecanismos comunes de control que se emplean dentro de estos grupos hiperautoritarios. Al estudiarlos recuerde que, como se mencionó anteriormente, la premisa de "absoluta sumisión", que es la base de tales doctrinas autoritarias, junto con la estructura organizativa y de autoridad esclavizadora son los componentes principales que hacen que estas técnicas y mecanismos sean eficaces y efectivos.

Otro comentario antes de ir a ellos: La fuerza principal detrás de estas técnicas de subyugación y mecanismos de manipulación, y su denominador común es el miedo. Esta es la inconfundible firma y el sello de Satanás, la cual distingue todo lo que es demoníaco de lo que es de Dios, ya que todas las obras de Satanás se basan en el miedo y producen miedo, mientras que todo lo que hace Dios tiene su fundamento en la fe y produce fe.

1. Apoteosis del Liderazgo.

Apoteosis significa exaltar algo o a alguien a un rango o estatura divina, en otras palabras deificar. Esto es precisamente lo que ocurre en los cultos y en los grupos donde se practica el autoritarismo excesivo— la deificación de facto de los líderes. En estos grupos, se exalta el liderazgo a un estatus equivalente al de Dios dentro de la estructura y las operaciones internas del grupo.

Para todos los efectos, el líder principal de ese grupo ES "Dios", en el sentido de que su autoridad es absoluta. Lo que él dice se hace. La autoridad del líder y sus delegados es absoluta e indiscutible, y su alcance se expande gradualmente hasta llegar a abarcar todo, afectando cada segmento de la vida de sus seguidores. Sin embargo, la verdad, como se indica a lo largo de esta obra, es que Dios y la Palabra de Dios son la única autoridad verdadera y válida para cualquier humano adulto, respetuoso de la ley, creyente o incrédulo. Además, la "autoridad" de los intermediarios (ministros) por medio de los cuales trabaja Dios se limita al ámbito espiritual y a los límites muy parroquiales del gobierno o la administración de la "casa" espiritual específica (es decir, la iglesia o ministerio local) sobre la cual ellos presiden.

En grupos donde este concepto totalmente falaz de apoteosis del liderazgo se ha instituido con éxito, se proyecta una sombra muy grande e imponente de dominación y subyugación total sobre toda la congregación. El poder de este dominio religioso reside en la supuesta premisa de que desobedecer los dictados y los deseos del liderazgo es desobedecer y desafiar a Dios mismo, en el sentido de que esos líderes son literalmente los representantes de Cristo mismo, de la misma manera que se considera al Papa en el catolicismo.

De hecho, como si fuera una señal, tan solo unos días antes de la edición de estas palabras en su versión original, uno de los programas de televisión de "noticias sensacionalistas" presentó una historia sobre un escándalo que tuvo lugar en una prominente iglesia carismática de Atlanta, dirigida por un muy conocido "Obispo" y fundador del 'ICCC International College of Bishops', en el que varias mujeres, ex empleadas administrativas, acusaron de diversas formas de conducta sexual inapropiada, perpetradas bajo el color de la autoridad ministerial a varios de los principales líderes de la iglesia. Al intentar explicar cómo era que estas cristianas adultas, responsables, presumiblemente inteligentes y sinceras pudieron ser seducidas por los supuestos avances adúlteros de estos religiosos de cuello clerical, una de las presuntas víctimas respondió con lágrimas de aparente remordimiento y vergüenza fluyendo por su cara sonrojada: "Estos hombres eran como Dios para nosotros. "Estos hombres eran como Dios para nosotros. Nos enseñaron que lo que decían era correcto, y desobedecerlos era desobedecer a Dios". Esta situación es un claro ejemplo del tipo de abuso de autoridad que puede resultar de la exaltación indebida e impropia de los líderes espirituales.

2. Proyección de Miedo e Intimidación.

En estos grupos hiperautoritarios en los que existe una cultura de dominación y control, los miembros están psicológicamente traumatizados y adoctrinados con numerosos miedos y fobias destinados a mantenerlos tambaleándose entre el retraimiento y la dependencia de sus líderes y el grupo eclesial. Estos miedos y fobias son tan intensos, que los miembros que se van del grupo suelen sufrir diversos problemas psicológicos e incluso neurosis clínicas, y algunos incluso muestran los síntomas clásicos asociados con el Trastorno de Estrés Postraumático (TEPT). Después de su partida del grupo, además de liberación de la invasión demoníaca, muchos necesitan algún tipo de asesoramiento psicológico. Los siguientes son algunos de los temores que los líderes de estos grupos fomentan y proyectan sobre sus seguidores como una forma de subyugación:

A. Miedo a la Censura Abierta y a la Reprensión.

Diversas formas y grados de reproche público, censura, castigo, protesta e incluso una reprensión abierta a los miembros que el liderazgo ha considerado descarriados, extraviados y "rebeldes", son práctica común, tanto en los grupos de Discipulado/ Pastoreo como en otros cultos. Los miembros que no siguen con completa obediencia todas las reglas, regulaciones, códigos y dictados transmitidos a través del liderazgo son marcados por los líderes con la letra escarlata "R" de "Rebelde", y se les reprende públicamente en las reuniones de grupos pequeños—células, y a veces desde el púlpito(-abusador) en las reuniones principales de toda la asamblea.

Esta amenaza constante de una posible humillación y censura pública se convierte en un medio muy efectivo de dominio para toda la membresía, mediante la intimidación. Nadie se atreverá a desobedecer, ni siquiera a cuestionar, los dictados de la dirección de la iglesia ni a pronunciar una palabra de crítica, para que el "crítico" no sea sometido a esta reprimenda pública.

La represión abierta debería ser una extrema rareza y el último recurso, y ciertamente no debería convertirse en rutina. Las Escrituras lo prohíben, excepto en los casos más escandalosos de hipócritas persistentes, de portadores constantes de discordias, y de líderes terriblemente descarriados.

B. Miedo a la Desaprobación y al Rechazo.

Este es muy similar y se relaciona con el tipo de miedo anterior que se proyecta y está entrelazado con todos los demás. Los miembros viven con el temor constante de ponerse del lado equivocado del liderazgo y de recibir su desaprobación y, por lo tanto ser rechazados por ellos y/o sus compañeros.

La posibilidad de encontrar soluciones y una resolución efectiva a las necesidades y enfermedades espirituales y psicológicas (relacionadas con el alma) muy reales, es a menudo la motivación principal para muchas personas que buscan un grupo de iglesia, en primer lugar para relacionarse con otros. Vienen en busca de amor, aceptación y la sanación de sus más profundas necesidades espirituales y psicológicas. Pero a menudo son estas mismas necesidades y enfermedades las que hacen que estas personas sean vulnerables a la explotación y al dominio de este tipo de grupos autoritarios. Y, tal vez nadie sea más vulnerable a tal explotación y dominio que la persona que sufre del espíritu de rechazo acompañado del miedo al rechazo y el miedo a la desaprobación. La sensación de rechazo es un "pozo sin fondo" que nunca se llena, sin importar cuánto amor se vierta en él. Mi opinión personal es que explotar a las personas que tienen una necesidad tan real de un ministerio real es de lo más vil y reprensible y sé, luego de muchos años de experiencia personal en el tratamiento de este problema, que muchos otros comparten esta opinión.

Los grupos que emplean doctrinas hiperautoritarias, a menudo practican alguna forma y grado de "rechazo", una técnica altamente efectiva de manipulación punitiva por medio del ostracismo grupal que durante siglos ha sido una práctica común dentro de las sectas y cultos religiosos falsos. Se rechaza cuando un grupo desprecia y se disocia de un miembro como una especie de castigo y desaprobación por algún aspecto de la conducta considerada inapropiada por el grupo. Puede darse como una forma de desdén, desprecio, burla, evitación, distanciamiento, exclusión total, rechazo, menosprecio, "dar la espalda", distanciarse, desdibujarse e ignorar. Cualquiera que sea la forma que tome, todo el mundo sabe instintivamente cuándo lo rechazan. Para los inseguros y desconfiados, los efectos de tal desdén y la desaprobación abierta pueden ser abrumadores y devastadores. Ciertamente es revelador que muchas sectas seudo cristianas, como los cuáqueros, consideren la práctica como un rito legítimo de castigo para los miembros rebeldes.

En los grupos hiperautoritarios, los demás miembros rechazan a los miembros cuya conducta les ha merecido el adjetivo de "rebelde" como mecanismo de castigo e intimidación, con el objetivo de avergonzar al ofensor para que vuelva a la senda. Con el fin de volver a estar bien con el grupo, quienes se someten y sucumben a esta vil forma de hechicería, por lo general deben soportar la humillación pública de confesar su error ante toda la asamblea y pedirles perdón a los líderes y al grupo. Si bien para el observador casual este mecanismo de manipulación puede no parecerle tan atroz, a los miembros de estas mini sociedades religiosas, que se esfuerzan constantemente por alcanzar la aceptación y el compañerismo, los efectos de la exclusión y el ostracismo por parte de los otros miembros pueden ser psicológicamente traumáticos y espiritualmente devastadores, lo que los convierte en un arma poderosa de dominio en manos de quienes están malintencionadamente motivados.

C. Miedo a la Denuncia y a la Desgracia por Retirarse.

Cuando alguien abandona uno de estos grupos por su propia voluntad por cualquier motivo, sin la aprobación y el consentimiento del liderazgo (que generalmente se otorga solo en el caso de transferencia relacionada con el empleo o muerte), o por algún motivo que no sea aceptable para el liderazgo, a dichas personas el liderazgo casi siempre las califica de "rebeldes", y la razón de su partida se declara como "rebeldía".

A los que se van, cuando su partida se basa en el desacuerdo con las doctrinas expuestas y las prácticas empleadas por el grupo, se les etiqueta invariablemente como alguien con un "espíritu crítico", y sus críticas se declaran inválidas e inmerecidas, ya que emanan de un espíritu rebelde y crítico. La forma de separación armoniosa y pacífica es prácticamente inexistente, ya que el liderazgo al que dejaron plantado y disgustado invariablemente se siente obligado a menospreciar a los que se van y a declararlos non grata a perpetuidad, prohibiéndoles a los miembros restantes el contacto con ellos.

La perspectiva de una acusación y del descrédito por parte del liderazgo puede ser especialmente desconcertante para aquellos llamados al ministerio que se encuentran en la posición de tener que abandonar el grupo en obediencia a un llamado de Dios. En tales casos, la viabilidad tanto del ministerio de esas personas como la de sus medios de vida puede verse muy afectada por los actos de censura, condena, denuncia, anatema, castigo y recriminación, y por estar en las listas negras de los líderes despechados. Muy a menudo, esas no son simples amenazas vacías, sino más bien, a un ministro que está en la lista negra se le pueden cerrar muchas puertas de trabajo eclesial, especialmente en el caso de un ministerio itinerante, debido a la naturaleza "política" del ministerio, independientemente de la validez y calidad de su ministerio, y esto simplemente se debe a haber sido calificado como "rebelde" por algún ministro despechado y autocrático o por la omnipresente "Cosa Nostra Neo-pentecostal".

D. Miedo a la Excomunión.

Ante la perspectiva de las consecuencias de las denuncias descritas anteriormente, el fantasma de la humillación, el menosprecio y el repudio, resultantes de la excomunión, también se convierten en amenazas muy reales y enormes que se ciernen sobre la cabeza de los miembros. Esto es especialmente así después de que toda su vida y la de su familia se han entrelazado y forman parte de la comunidad eclesial.

Ante la perspectiva de las consecuencias de las denuncias descritas anteriormente, el fantasma de la humillación, el menosprecio, el repudio y similares, resultantes de la excomunión, también se convierten en amenazas muy reales y enormes que se ciernen sobre la cabeza de los miembros. Esto es especialmente así después de que toda su vida y la de su familia se han entrelazado y forman parte de la comunidad eclesial.

Sin embargo, la ironía del asunto es que debido a su desesperación por mantener a todos los miembros en el redil, este tipo de grupos rara vez excomulgan a alguien. En lugar de la excomunión, implementan varias otras técnicas y mecanismos delineados aquí para intentar intimidar a los posibles miembros "rebeldes" con el fin de que sean dóciles y se sometan.

E. Miedo al Juicio.

Además de todos los factores anteriores, los miembros son adoctrinados incesantemente con la premisa de que si alguna vez abandonan la iglesia o el grupo sin la aprobación del liderazgo, incurrirán en la ira de Dios y caerán bajo Su juicio, lo que resultará en que les sucederán cosas terribles por estar bajo la maldición de Dios.

Hay historias de horror melodramáticas relacionadas con sermones, clases de "orientación" y varias conversaciones personales entre los miembros, de personas que "se salieron de la cobertura" de su líder y de la comunidad eclesial, y que debido a eso experimentaron terribles maldiciones y juicios en sus vidas. Estas historias se cuentan para ilustrar que los miembros nunca deberían pensar en abandonar el grupo, por temor a todas las cosas terribles que les sucederán si lo hacen.

Aparte del hecho de que esto es precisamente lo que se les dice a los miembros de cultos y a los iniciados en el ocultismo, se trata de un reclamo totalmente falso e infundado por varias razones. En primer lugar, como se demostró minuciosamente en el Capítulo Cinco de CHARISMATIC CAUTIVATION, la premisa de "cobertura espiritual" como se enseña en las doctrinas del Discipulado es una falacia y un mito total. Nuestra cobertura, o cubierta de cuidado y protección providencial, no viene de manera alguna de ningún ser humano o grupo de seres humanos, sino sólo de Dios:

"Con SUS plumas te cubre, y bajo SUS alas hallas refugio; ESCUDO Y BALUARTE [muralla impenetrable de protección] es SU fidelidad. Diré yo al SEÑOR: REFUGIO mío y FORTALEZA mía, mi DIOS, en quien confío. Porque Él te libra del lazo del cazador [Satanás], y de la pestilencia mortal" (Sal. 91: 4-5; corchetes y énfasis agregados por el autor)

Debemos gloriarnos y consolarnos en el hecho de que

moramos bajo el refugio (cubierta protectora) del Dios Altísimo y que, por lo tanto, permanecemos (vivimos continuamente) a la sombra del Dios Todopoderoso (del que huyen los demonios): "El que habita al abrigo del Altísimo morará a la sombra del Omnipotente" (Sal. 91: 1). SU refugio y su sombra, que existen en el ámbito espiritual, son la única protección válida e impenetrable contra los ataques que el enemigo lanza en el reino espiritual. Ningún refugio ni cubierta humana, ya sea de un individuo o de un grupo, ofrece protección alguna contra los ataques perpetrados por espíritus malignos en el ámbito de los espíritus.

Segundo, Dios no juzga a ninguna persona o familia solo porque se van de una iglesia o un grupo en particular. No hay absolutamente ninguna corroboración bíblica de esta afirmación ridícula; más bien, es un mito totalmente infundado. Irse de un grupo o iglesia en particular, por cualquier razón, no equivale a abandonar la Iglesia o alejarse de Dios, como dicen estos grupos. Ninguna iglesia o grupo es tan sacrosanto. Todo verdadero creyente ha sido "bautizado" o sumergido por el Espíritu Santo en el Cuerpo de Cristo, ya sea miembro de una organización eclesiástica o no.

La verdadera Iglesia de Jesucristo no es una organización inanimada, ni siquiera un conglomerado de organizaciones eclesiásticas. Más bien, la Iglesia verdadera es un organismo vivo compuesto de verdaderos creyentes. Ser miembro y vivir cautivo de la comunidad de alguna organización eclesial humanamente inventada y dirigida, de ninguna manera certifica, mejora o tiene alguna incidencia en nuestra comunión eterna con Dios; más bien lo es el hecho de ser un miembro genuino y estar sumergido en "la asamblea general e iglesia de los primogénitos" (He. 12:23) que certifica y sella nuestro destino eterno.

La comunión frecuente con algún segmento de la verdadera Hermandad es muy recomendable y es sinérgicamente beneficiosa, pero no nos salva. En las reuniones comunitarias tenemos comunión, adoramos y recibimos bendición del Señor porque la salvación es el denominador común entre nosotros. Sin embargo, en ninguna parte de la Biblia está delineado el más mínimo requisito sobre el lugar de culto o el número de adoradores. Por el contrario, aunque los "organizacionistas" acérrimos a quienes les consume el deseo de aumentar la membresía de sus organizaciones, odian la veracidad y validez de la misma; recordemos que Jesús mismo prometió que asistiría personalmente y estaría en medio de cualquier reunión realizada en Su Nombre, incluso si el número de los reunidos fuese de solo "dos o tres" (Mt. 18:20), e hizo esa promesa sin ninguna referencia al lugar donde se debía celebrar dicha reunión. Jesús declaró explícitamente que los "verdaderos adoradores" son aquellos que "adoran al Padre en Espíritu y en Verdad [o sea, de acuerdo con la sana doctrina]" (Jn. 4:23). La validez de la adoración no está determinada por el lugar de adoración o el número de adoradores, sino por si está inspirada o no por el Espíritu Santo y de acuerdo con la Verdad de la Palabra de Dios.

En tercer lugar, Dios les da a todos los creyentes la libertad de tomar sus propias decisiones con respecto al grupo con el que se identifican, sobre la compatibilidad con sus personalidades particulares, sus necesidades espirituales, sus intereses y el énfasis, siempre que el grupo que elijan esté basado en la sana doctrina y prácticas. A pesar de la falsedad absoluta de esta noción, la posibilidad de ser sujeto de un juicio Divino circunstancial sigue siendo un arma muy efectiva para hacer que los miembros adoctrinados de estos grupos tengan un miedo paralizante de abandonar el grupo.

F. Miedo al Fracaso.

Un trasfondo constante de enseñanzas, asesoramiento y conversaciones comunitarias dentro de estos grupos sirve de cultivo y refuerzo al miedo al fracaso si los miembros no siguen obediente y dócilmente todas las reglas y dictados que emanan de todo el liderazgo, así como de cualquier orden personal de cada líder, lo que comprende los múltiples niveles de líderes que hay sobre el grupo.

Estos grupos prosperan gracias a la tolerancia y a las represiones sobre las capacidades y el buen juicio de los miembros, yuxtapuesto esto a los de los líderes "espiritualmente superiores". En lugar de declarar la liberación, el perdón, la restauración y la superación de fallas, faltas y tendencias pasadas, como prescribe el Evangelio de las Buenas Nuevas, en estos grupos existe un recordatorio constante y continuo de fallas, faltas, debilidades y tendencias pasadas. "Recuerda", dicen los líderes a sus súbditos, "siempre has tenido problema con ... (esto o aquello)". O: "Sabes que siempre has sido rebelde ...", etcétera.

El objetivo final de esta identificación constante con el fracaso es crear dentro de los miembros un profundo sentido de dependencia del grupo y sus líderes para que estos tomen las decisiones por ellos y les digan lo que es mejor para ellos. El problema se suma al hecho de que en realidad no hay escasez de personas perezosas y negligentes, y de aquellas que se niegan a arrepentirse del miedo al fracaso, y que están muy contentas de que alguien más les diga lo que deben hacer, en lugar de buscar el Señor por sí mismos en cuanto a las cosas específicas de sus vidas.

G. Miedo a Perder la Salvación o que este deje de ser Válida.

Por lo general, en estos grupos—las doctrinas autoritarias extremas y aberrantes que requieren "sumisión absoluta" al liderazgo, se martillan implacablemente en sus cabezas; además, les ponen en el cuello un yugo de dictados, demandas y expectativas prepotentes, poco realistas y poco escriturales—la salvación de los miembros se pone constantemente en duda. Con el tiempo, ellos comienzan a preguntarse si alguna vez realmente fueron salvos, o si perdieron su salvación y su justificación ante Dios, debido a su supuesta propensión a la "rebelión".

Se les dice que sus inclinaciones instintivas e intuitivas que los llevan a rechazar la esclavitud demoníaca y antinatural a la que están siendo sometidos no es más que su "rebelión a la autoridad" que surge constantemente de adentro de ellos, la cual deben conquistar, y aprender a "sencillamente someterse". Son bombardeados incesantemente con acusaciones de ser "rebeldes", y se les dice que su "rebelión" contra la dominación opresiva a la que están siendo sujetos, es evidencia y resultado de su rebelión contra Dios.

Esta incertidumbre extremadamente desconcertante, y en algunos casos unida al tormento del miedo con respecto a la validez y autenticidad de su salvación, se utiliza como un medio muy eficaz para mantener a los miembros siempre confusos, dóciles y acobardados.

3. Proyección de Culpa.

Relacionado con y utilizado junto con la proyección de culpa antes mencionada, este es esencialmente, un método de manipulación o control en el que el sojuzgador proyecta intencionalmente un sentimiento de culpa abstracto pero siempre presente sobre los sujetos.

En estos grupos se emplea en dos frentes. Primero, a nivel personal, en el que los miembros son continuamente maltratados y abusados psicológicamente con respecto a sus actitudes pecaminosas y rebeldes, por las cuales el liderazgo no extiende ni refuerza el perdón y la redención. Esto hace que los miembros vivan bajo una nube perpetua de culpa, indignidad, rechazo y exasperación total. En consecuencia, los miembros se embarcan en un paseo similar a un tiovivo sin fin de obras carnales vanas, intentando y fallando una y otra vez para "dar la altura" y, por lo tanto, merecer el perdón y la aceptación de Dios, de sus compañeros de grupo y de sus líderes. Esto se usa como un mecanismo de manipulación para mantener a los miembros siempre dóciles, complacientes y esclavizados, ya que la aprobación y la aceptación están puestas tentadoramente ante ellos, fuera de su alcance, como el conejo mecánico en una carrera de perros.

En segundo lugar, a los miembros se les dice constantemente cuán vital es su participación y apoyo financiero para el éxito general de la iglesia y cada una de sus "misiones". A través de una oratoria muy hábil, los miembros se ven obligados a identificarse personalmente con los planes, proyectos y programas ideados por de la iglesia, de todos los cuales se dice apasionadamente que son inspirados y patrocinados por Dios. Los miembros son atraídos astutamente a aceptar la hipótesis de que, dado que estos planes, proyectos y programas provienen directa y exclusivamente de Dios, como una misión y una tarea divinamente inspiradas para el grupo, y dado que ellos son miembros del grupo, el éxito de la misión es su responsabilidad personal. Si el proyecto o programa no se completa con éxito, es culpa de todos y cada uno de los miembros, por lo que Dios los responsabiliza personalmente, a pesar de que los miembros individuales nunca hayan escuchado personalmente a Dios hablar sobre el tema, y nunca se les dio la opción de averiguar si este asunto realmente era de Dios para ellos, como lo requieren las Escrituras, ni se les dio un medio por el cual pudieran expresar su punto de vista.

4. Aislamiento.

La Gran Muralla China y el antiguo Muro de Berlín, son ejemplos clásicos de muros que fueron construidos por quienes serían grandes emperadores, no solo para mantener fuera a los pueblos de otras tierras junto con sus ideologías diferentes, sino también para mantener adentro a su propia gente, aislada de las influencias contrarias a las ideologías políticas prometedoras de utopías particulares que promulgaban.

Lo mismo puede decirse de los muros invisibles pero muy reales de la segregación religiosa en forma de denominacionalismo y otros tipos de sectarismo erigidos durante la Era de la Iglesia por prefectos eclesiásticos, debido a una intensa inseguridad y paranoia, en muchos casos hasta el punto de neurosis, con la esperanza de evitar que sus seguidores fueran expuestos y atraídos por las enseñanzas y las experiencias contrarias a las ideologías y dogmas particulares que estaban promoviendo.

Los cultos clásicos, especialmente durante la etapa de adoctrinamiento, requieren de un aislamiento virtualmente total del nuevo miembro, de su familia y amigos, para aislarlo de todas las influencias contrarias. Del mismo modo, los grupos hiperautoritarios instan firmemente a sus miembros a evitar el compañerismo con cualquier persona que no sea parte de su grupo, incluyendo a creyentes, amigos y especialmente a la familia. Asistir a otra iglesia, sin la aprobación previa y el consentimiento de sus líderes (que casi nunca se les otorga) es motivo de censura y posible "desfraternización" o excomunión. En algunos grupos, incluso leer libros, ver programas de televisión y escuchar programas de radio de otros ministros está prohibido sin el consentimiento del liderazgo, a menos que ese otro ministerio haya sido "aprobado" por el liderazgo del grupo (y, por supuesto, muy, muy pocos lo son).

Por supuesto, lo que afirman comúnmente quienes predican y requieren tal segregación y aislamiento es que esta es una medida de protección muy buena y beneficiosa que se ha instituido buscando el bien de los miembros para protegerlos de las influencias engañosas y perjudiciales. Sin embargo, la Palabra de Dios en ninguna parte enseña que la segregación o el aislamiento sean elementos disuasivos o preventivos contra el engaño espiritual. Más bien, Jesús dijo explícitamente que si una persona "permanece" (es decir, escucha y obedece, vive) en Palabra de Dios, ENTONCES esa persona "conocerá la Verdad", y LA VERDAD hará a esa persona—la persona que conoce La Verdad de la Palabra de Dios—libre, lo que incluye liberarla y mantenerla libre del engaño (Jn. 8:31,32). En otras palabras: ¡es la VERDAD la que libera! ¡La Verdad nunca engaña ni esclaviza!

¡Los grupos que ordenan o exigen la separación y el aislamiento de otros segmentos del verdadero Cuerpo de Cristo, así como de aquellos, deseo agregar, que promueven la vida en comunidad, son peligrosos! Los creyentes sinceros y serios harían bien en evitar a todos esos grupos porque esta es especialmente una de las características comunes de los cultos.

5. Internalización.

Un sello distintivo constante de estos grupos es el extremismo con respecto a la participación personal y a la participación de cada miembro. Prácticamente es una obsesión en estos grupos lograr que todas las personas se involucren profundamente en alguna función, deber o rol de participación. Los programas y departamentos se crean con el propósito principal de mantener a cada miembro de todas las familias absortos en algún tipo de participación interna, a la que se refieren como "ministerios", desde música hasta recreación, programas especiales de estudio y un número infinito de otros ministerios especiales.

La premisa es, por supuesto, que cuanto más involucrada esté una persona y cuanto más importante se sienta, mayor será su compromiso personal y su contribución a las operaciones y a la maquinaria de la organización. Y, de hecho, por lo general, el plan funciona exactamente como fue diseñado, y produce los resultados previstos. La razón principal de esto es que explotan tres deseos humanos muy básicos: la necesidad de sentirse aceptado y ser parte de algo, la necesidad de sentirse importante y necesario, y la necesidad de funcionar y ser fructífero, es decir, lograr algo significativo. Si uno no se santifica a través de la Cruz de Cristo y está realizado por medio de la Vida de Cristo, estos deseos no son más que una ambición egoísta, y un camino primario para la explotación satánica.

Alguien bien podría decir: "Pero, todas las iglesias tratan de involucrar a sus miembros, ¿eso está mal?" La respuesta es que cada creyente tiene una función espiritual dada por Dios tanto en la iglesia como en el mundo (Ef. 4:16 ; Ro. 12: 6-8; 1Pe. 4:10; et al.), pero estas son funciones efectivas a nivel real y espiritual, y llevan el verdadero fruto espiritual que permanece (Jn. 15:16); no es un intento vano, superficial o artificial de la iglesia, que no tiene consecuencias y no produce prácticamente ningún fruto espiritual verdadero sino solo sirve para acariciar el ego ya sobreinflado del participante y su sentido superfluo de importancia personal.

6. Explotación y Esclavitud Económica.

Es un hecho incontrovertible que la Biblia está repleta de pasajes y promesas acerca de las abundantes bendiciones financieras que llegan a aquellos que son fieles en su diezmo y ofrenda, y en la administración de "la injusticia de Mamón" (dinero). De hecho, todos los que han cumplido perseverante y fielmente con los requisitos y condiciones de esas promesas pueden dar fe de su validez y absoluta confiabilidad.

Está claro que Dios desea bendecir financieramente a su pueblo, y ha establecido la ley espiritual de la siembra y la cosecha (Gn. 8:22; Ga 6:7) o de "dar y recibir" (Lc. 6:38; Flp. 4:15) como el medio principal a través del cual se alcanza esa bendición. La ordenanza dice que si un creyente siembra financieramente, a su debido tiempo obtendrá una cosecha financiera multiplicada conforme a la cantidad de semilla sembrada. Por lo tanto, cada creyente debe ser un sembrador constante y persistente. Por lo tanto, de ninguna manera estoy denigrando las verdades muy válidas de la Palabra de Dios con respecto a dar nuestros diezmos y ofrendas en este punto sobre dicho mecanismo de manipulación.

Sin embargo, tanto en los cultos clásicos como en los grupos de las iglesias que estamos discutiendo, como las de la comunidad pentecostal y neo-pentecostal que emplean estas prácticas de control abierto y dominación, existe casi invariablemente una especie de aberración sobre la "mayordomía" que pone demandas y requisitos sobre los miembros, tanto en contribuciones monetarias al grupo como para "rendición de cuentas" con respecto a sus asuntos financieros personales. Los miembros son presionados incesantemente para dar cada vez más y más, más allá del diez por ciento en ofrendas especiales para financiar una interminable letanía de "ministerios y misiones", proyectos y programas internos especiales. Además, los líderes de los grupos de célula vigilan de cerca los gastos personales de los miembros de su grupo, en muchos casos dan sus propios consejos no calificados, no profesionales y no solicitados con respecto a cómo deberían ser los asuntos financieros privados de los miembros. Como se mencionó anteriormente, es un hecho documentado que en algunos grupos de Pastoreo, los líderes, a pesar de no tener ninguna capacitación ni experiencia en asuntos financieros, son los asesores financieros de facto de los miembros, y los miembros están esencialmente limitados a realizar transacciones financieras importantes sin el consejo y consentimiento de su(s) líder(es), que generalmente se orienta hacia la frugalidad con respecto al gasto del dinero de los miembros en sus propias necesidades y a la liberalidad con respecto a las necesidades de la iglesia o ministerio.

7. Adoctrinamiento de Dependencia.

El propósito y objetivo principal de muchas, si no de todas, las técnicas y mecanismos de manipulación mencionados anteriormente es producir en los adherentes una dependencia psicológica del grupo y especialmente del líder. A los miembros se les enseña a poner toda su fe, esperanza y confianza en los líderes de los grupos, lo cual es idolatría, y en realidad brinda la oportunidad y el permiso para la invasión de todo tipo de espíritus malignos, entre los cuales está el espíritu de miedo. Como resultado de estas técnicas y mecanismos, los miembros viven aterrorizados por la perspectiva de una acción punitiva que se les ha enseñado que en última instancia emana de Dios mismo, si no son completamente sumisos a cada dictado y capricho de sus líderes; además llevan abrumadoras cargas de falsa culpa, están aislados de otras fuentes de Verdad y amistad, y toda su vida está totalmente inmersa en las implicaciones internas de ese grupo. El resultado es una dependencia espiritual y psicológica impía, no bíblica e incluso demoníaca que abarca a todo el grupo y al líder.

Los líderes de tales grupos pretenden exhortar a sus miembros a que adquieran las virtudes loables y deseables de la "lealtad", "fidelidad" y "compromiso", las cuales son elementales para lo que ellos llaman "relaciones de pacto". Sin embargo, la verdad es que, como se discutió anteriormente, estas "relaciones de pacto" son en realidad "pactos con demonios" que no se basan en la verdadera libertad y en los atributos del Espíritu, sino en la seducción, la brujería, la esclavitud y el cautiverio inspirados por espíritus malignos. Además, el resultado ciertamente no es obra del Espíritu Santo, porque la Biblia claramente proclama que "donde está el Espíritu del Señor, hay libertad" (2 Co. 3:17), no esclavitud.

Una vez atrapada en la red de esclavitud y dependencia, la víctima de estos mecanismos de control depende, mental, emocional y espiritualmente, no del Padre, el Hijo y el Espíritu Santo, sino de los líderes humanos y sus compañeros de grupo para la satisfacción psicológica y la supervivencia en todos los aspectos de la vida. Esto es una traición espiritual y apostasía de primer orden.

8. El Esoterismo.

En estos grupos parecidos a los cultos, existe un deliberado ocultamiento u oscurecimiento cuidadosamente elaborado de la verdadera naturaleza, agenda y modus operandi del grupo, ante el público en general, los posibles reclutas y los nuevos prosélitos. La verdad completa es conocida sólo por los pocos que forman parte de un "círculo interno" exclusivo y de élite de correligionarios. Esta es la definición misma de "esoterismo", que de manera clara ha sido considerada por los tribunales más altos del mundo en los casos en que se han emprendido acciones legales contra cultos religiosos e intrigantes pirámides ilegales para constituir un fraude criminal.

La revelación completa no se realiza frontalmente, sino que se produce poco a poco, a medida que el iniciado avanza a través de los diversos niveles de "orientación" e "iluminación" que supuestamente se requieren para una comprensión completa de las enseñanzas y metodologías del grupo. Se justifica ostensiblemente la necesidad de oscurecer y sesgar para el público en general estos detalles sobre el grupo, con la afirmación de que poder comprender la importancia de las enseñanzas y propósitos del grupo requiere la "iluminación" que les llega solo a aquellos que han sido completamente entrenados (en realidad, adoctrinados y lavados del cerebro) por las enseñanzas y dogmas que comprenden su sistema de creencias.

El verdadero quid del engaño y la miseria de esta revelación en incremento radica, metafóricamente hablando, en el hecho de que no es hasta que el pasajero ha abordado el barco, ha zarpado y ha comenzado a atravesar el gran abismo del adoctrinamiento irracional, que se le informa del destino y el costo total del viaje. Tal vez sea revelador que esta técnica de divulgación gradual es una marca típica de los cultos modernos clásicos, muchos de los cuales ahora, debido al amplio descrédito y a la publicidad negativa, han recurrido a una variedad de acciones destinadas a mejorar su imagen pública, incluidos los cambios de nombre de la organización, el uso de terminología eufemística, el ocultamiento más sofisticado de intenciones y propósitos verdaderos, y la simple mentira descarada.

9. "Bombardeo de Amor".

No sé a quién se le atribuye la acuñación original del término "bombardeo de amor", pero es un término que se evoca a menudo en las descripciones contemporáneas de las técnicas psicológicas empleadas por los cultos clásicos para cortejar a los nuevos reclutas y mantener los lazos de esclavitud en los miembros existentes. El llamado "amor" del que se habla en estos grupos es del tipo sentimentaloide, dulzón, surrealista, exagerado, ostentoso, carnal, un tipo humanista de "ágape desordenado", repleto de una sobreabundancia de abrazos y abrazos y besos en las mejillas.

De manera similar a los cultos clásicos, los prosélitos son

atraídos al grupo por medio de un "amor" benévolo, lleno de felicidad, etéreo, anímico y sensorial que se presenta como lo más grande en "libertad". En los cultos declarados, este llamado "amor" es tan "libre", es decir, sin limitaciones, que invariablemente se traduce eventualmente en la inmoralidad desenfrenada y promiscua, o "amor libre", que algunos cultos proclaman como uno de los muchos "beneficios" y "privilegios" de su supuestamente trascendente marca de "iluminación espiritual". Lamentablemente, ha habido algunos grupos cristianos del tipo de los que hemos estado hablando que con el correr del tiempo, conforme viajaban por el camino del error y la confusión han sido engañados por los mismos espíritus malignos seductores, para participar eventualmente en el mismo loco desenfreno. Más y más de estos casos están siendo expuestos a la luz pública, como debe ser (Ef. 5:11; 1 Tim. 5:19, 20; et al.), a pesar de la gran sombra de reproche que arroja sobre toda la cristiandad.

Además de utilizar esta técnica de "bombardeo de amor" en prosélitos potenciales, en estos grupos de cuasi-culto, los líderes y los "adoctrinadores" bombardean constantemente a los miembros e inducen con este amor anímico y sensual una especie de sedante que los anestesia contra los efectos de los mecanismos y técnicas de control, y para mantenerlos ajenos al hecho de que se les están imponiendo estos dispositivos de dominación. Ese "amor" falso se convierte en un "psicofarmacéutico" inmensamente efectivo por el cual los miembros adoctrinados son drogados y se les induce a aceptar las duras y autoritarias técnicas de dominación y control como expresiones beneficiosas de este "amor" anómalo.

10. Dominio Personal.

Este mecanismo común de control implica esencialmente la usurpación de la autonomía personal o de la volición de los adherentes a estos grupos. Como se expone de numerosas formas en esta obra, el liderazgo de dichos grupos emplea doctrinas heréticas y adoctrinamientos para lograr este propósito absolutamente demoníaco. En resumen, la "sumisión absoluta" de los seguidores es el objetivo final, y la "autoridad absoluta" del liderazgo es la premisa principal a través de la cual se efectúa.

El resultado final es que los miembros gradualmente ceden su derecho innato de autogobierno a sus amos espirituales. Nuevamente, como se describió anteriormente en este folleto, los feligreses son adoctrinados implacablemente con la enseñanza de que no son capaces de tomar sus propias decisiones con respecto a asuntos importantes e incluso mundanos de su vida, sino que deben buscar la aprobación, comúnmente conocida como "el testimonio" de sus líderes en relación con esos asuntos.

11. Subyugación Sistemática.

En estos grupos, se emplea un sistema de aprobación y promoción según el desempeño de los miembros, basado en la lealtad "probada" al liderazgo, como medio de subyugación sistemática de los adeptos. La jerarquía de liderazgo multinivel en estos grupos se compone casi en su totalidad de sublíderes internos "formados", que han sido seleccionados cuidadosamente por el liderazgo superior en función de su lealtad demostrada al líder supremo y de su aceptación de las doctrinas y metodologías autoritarias adoptadas, en lugar de basarse en sus habilidades de liderazgo, sabiduría espiritual, unción, y de ser llamados por Dios. En otras palabras, los sub-líderes son casi invariablemente laicos, en lugar de ser quienes cuentan con los dones de los Cinco Ministerios y la unción de Dios. En esencia, son designados humanamente en lugar de ser designados por Dios, y por eso es que, en lugar de ser los representantes y portavoces de Dios, son básicamente compinches, secuaces o representantes de los líderes superiores.

La lealtad al liderazgo es un tema constante en todos los niveles de la cultura de estos grupos. Se requiere que los miembros firmen acuerdos de pacto prometiendo lealtad y apoyo financiero al liderazgo y al ministerio, y se requiere otro nivel de pacto de los sub-líderes conforme avanzan a través de los diversos aspectos del proceso para ser "formados" como líderes dentro el grupo.

Los líderes astutos explotan la ambición egoísta de los miembros que desean ascendencia y autoridad sobre los compañeros, poniendo frente a ellos la zanahoria de un futuro nombramiento y del avance en el liderazgo. Se les dice a los miembros que si están dispuestos a ser "quebrantados" y a "aprender a someterse" siguiendo el "programa de entrenamiento de liderazgo" particular del grupo, el cual es un proceso cuidadosamente elaborado lleno de varias formas de degradación diseñadas para subyugar y lograr la "sumisión absoluta" a través de la humillación y el adoctrinamiento, entonces serán considerados candidatos para varios puestos de liderazgo, subordinados dentro de la iglesia o grupo, como líder de grupo de célula o para estar al cuidado de alguna tarea, o ser diácono. Por lo general, las degradaciones consisten en la realización de tareas domésticas, como limpiar inodoros y las instalaciones de la iglesia, hacer trabajos de jardinería, colocar sillas, hacer mandados, actuar como el ayuda de cámara o sirviente personal del líder, etc. Estos son vistos como un medio perfectamente legítimo para "humillar" y "romper" al candidato al liderazgo y para "probar" y controlar su "lealtad", "sumisión" y "rendición".

Los autócratas más astutos instituyen en la cultura del grupo diversas técnicas psicológicas de degradación personal destinadas a subordinar aún más, o "humillar" a los seguidores. Una de esas técnicas es un tipo de método de supresión de la confianza en el que los talentos, habilidades, dones, llamamientos y unciones que Dios les ha dado a los adherentes se aplastan, se anulan y no se reconocen deliberadamente. Por ejemplo, a alguien que tiene un don musical reconocido y desea ser usado por Dios su don, se le diría que no es tan importante ser usado con el don o talento como "aprender a ser obediente y someterse al liderazgo". Así es que, antes de poder ser utilizado en el grupo, tendría que estar dispuesto a colocar sillas o limpiar los baños por un tiempo para poder evaluar y demostrar su "obediencia" (léase sometimiento). Si pasa esa prueba, se le puede permitir que participe en el programa de música de la iglesia, en algún puesto de inicio, por ejemplo.

Todas esas tácticas y técnicas, sin importar cuán "santificadas" puedan parecer en el contexto de una iglesia, no son más que formas clásicas de adoctrinamiento religioso y lavado de cerebro, así se les identifica en todos los libros o documentos técnicos existentes sobre el tema de la persuasión psicológica, la coerción y las técnicas de control mental.

12. Disciplina Eclesial Excesiva.

Como hemos estado discutiendo a lo largo de la presente obra, en las iglesias y ministerios donde se defienden estas doctrinas autoritarias falaces y las prácticas vinculadas que se emplean, se vuelve generalizado el abuso y el mal uso de la autoridad en los tratos personales con los miembros dentro del grupo. Otro elemento del exceso autoritario es el abuso, el mal uso y la incidencia desmesurada de la "disciplina eclesiástica". A los miembros que no siguen la línea y no se someten indiscriminadamente a cada dictado de la línea descendente del liderazgo se les "llama al banquillo" y son convocados ante algún líder de la cadena de líderes para dar cuenta y ser reprendidos por sus actitudes y acciones rebeldes. Todo esto se hace bajo el pretexto de santificar y lo justifican como "disciplina de la iglesia". Por supuesto, la disciplina de la iglesia es un asunto escritural, pero las Escrituras indican que solo se debe recurrir a esta como último recurso, en el caso de los más atroces casos de verdadera ofensa espiritual, abierta y continua, por parte de líderes o laicos, no como un medio de silenciar el pensamiento crítico, la disidencia y la crítica, o como un mecanismo de control y manipulación mental con el propósito de someter y suprimir.

Palabras de Advertencia y Precaución.

Habiendo delineado estas técnicas de control y coerción y los mecanismos no permitidos de manipulación, es necesario advertir y pedir cautela sobre su aplicación.

Primero, a manera de advertencia, se debe comprender que la existencia y el empleo de algunas de estas técnicas y mecanismos dentro de un grupo, no necesariamente significa que el grupo que los usa sea un culto declarado ni un grupo de "Discipulado/Pastoreo". No es raro que las personas no estén conscientes de que ciertos aspectos o matices sutiles de la enseñanza que adoptan y de las prácticas que emplean son realmente erróneos e inadecuados. En algunos casos, los líderes y los seguidores de doctrinas aberrantes están "sinceramente engañados" y estarían dispuestos a recibir represión, arrepentirse y hacer los cambios apropiados, una vez que se dan cuenta de su error.

Segundo, se da una fuerte advertencia contra el uso de lo

que está escrito aquí como "municiones" para lanzar un ataque malicioso y malintencionado contra individuos o grupos que pueden ser seguidores de estas doctrinas autoritarias, con el propósito de desacreditarlos, denigrarlos, difamarlos o dañarlos de alguna manera. Las personas que se involucran en este tipo de ataques a los hermanos, sin poner la situación en oración, sin estar dispuestos a perdonar con amor ágape y sin que el objetivo de la represión sea la restauración por medio del arrepentimiento, se equivocan, independientemente de cuán acertados estén al haber detectado o discernido un error en aquellos que han examinado. ¡Cuán inequívocamente equivocados podemos estar cualquiera de nosotros, en actitudes y en las acciones correspondientes, aunque estemos irrefutablemente correctos en nuestra evaluación!

SOBRE EL AUTOR

El Dr. Steven Lambert ha estado ministrando el Evangelio de Jesucristo como ministro ordenado desde 1976, sirviendo como pastor, profeta, maestro, conferenciante, profesor adjunto y consejero cristiano. Él es un terapeuta cristiano certificado doctoral certificado por la Junta, y tiene varios títulos teológicos obtenidos. También ministra como profeta apostólico para ayudar a establecer iglesias existentes y plantar otras nuevas.

También se desempeña como el supervisor fundador de la Red de Iglesias y Ministros de Efesios Cuatro (ephesiansfour. net), una comunidad internacional de Ministros Cinco veces relacionados y colaborando para propósitos comunes, y su subsidiaria, la Red de Consejeros de Liberación de Efesios Cuatro (efndc.ephesiansfour.net).

El Dr. Lambert es autor de una cantidad cada vez mayor de libros, folletos, cursos de la universidad bíblica (consulte el catálogo en realtruthpublications.com) y otros materiales de enseñanza, así como el editor de una revista en línea, Spirit Life Magazine (spiritlifemag. com).

La información biográfica y de reservas del Dr. Lambert está disponible en el sitio web principal de su ministerio en: http://www.slm.org.

Otros Libros Por Steven Lambert

Charismatic Captivation

Charismatic Control

Mystery of The Kingdom

Dunamis! Power From On High!

Forty Healing Scriptures

The Fivefold Ministry Model

The Prophetic Gifts & Office

Deliverance From Demonic Powers

Uncovering The Myth of Spiritual Covering

The Dangerous Path of Doctrinal Deviation

Let Us Pray!

Para obtener un catálogo completo de libros y audiolibros publicados/producidos por Real Truth Publications, visite:

RealTruthPublications.com